n. 20784.

RÉFLEXIONS
IMPARTIALES
SUR LES ÉLOGES
DE VOLTAIRE

*Qui ont concouru pour le Prix de l'Acadé-
mie Française en l'année 1779.*

PAR M. DE LAUS DE BOISSY.

Tros, Rutulusve fuat, nullo discrimine habebo.

A FERNEY;

Et se trouve A PARIS,

Chez VALLEYRE l'aîné, Imprimeur
Libraire, rue vieille Bouclerie.

M. DCC. LXXX.

RÉFLEXIONS
IMPARTIALES
SUR LES ÉLOGES
DE VOLTAIRE

Qui ont concouru pour le Prix de l'Académie Française, en l'année 1779.

―――――――――――

VOLTAIRE a écrit pour toutes les Classes de la Société ; toutes les Classes de la Société l'ont pleuré, & de chacune d'elles il s'est élevé un Individu qui a exprimé ses regrets à sa manière. Des Souverains même ont mêlé leur voix auguste à ces concerts publics de louanges.

A

Jadis c'étaient les Poëtes qui célébraient les Rois ; aujourd'hui ce sont les Rois qui célébrent les Poëtes. Grâces aux progrès d'une Philosophie bienfaisante & éclairée, il n'est plus, ce tems d'ignorance & d'orgueil où l'encens des Nations ne fumait que sur les tombeaux de ceux qui les avaient gouvernées ; où ; après la mort d'un Monarque, on s'agenouillait devant son Sarcophage, comme, de son vivant, on s'était prosterné devant son Trône ; où enfin la poussière des Tyrans trouvait encore des flatteurs ! Graces, disons-nous, aux progrès de la Philosophie, les vertus & les talens ont des droits à nos hommages, même lorsqu'ils ne sont plus ; & si nous portons le deuil des Rois sur nos habits funèbres, c'est dans nos cœurs que nous portons celui du génie. Nobles Émules des Peuples d'*Athènes* & de *Rome*, nous honorons de nos regrets tous ceux qui ont honoré la Patrie, & nous pleurons tous ceux qui ont mérité nos larmes.

Mais s'il est beau de louer le talent qui a disparu, il ne faut pas que la beauté de l'intention nous aveugle sur les difficultés de l'entreprise. Très-peu d'Écrivains ont excellé dans le Panégyrique, & plusieurs de ceux qui ont réussi dans d'autres genres, ont échoué dans celui-là. On ne se souvient guères que du panégyrique de *Trajan* par *Pline*, & de la belle harangue de *Cicéron, pro Lege Maniliâ*, où cet Orateur a amené l'éloge de *Pompée* avec tant d'adresse. Voilà à peu-près ce que les Latins ont fait de mieux : nous avons été plus heureux ou plus habiles. Le fameux siécle de Louis XIV a vû éclore une foule de panégyriques, dignes de passer à la postérité. *Pélisson* en a fait un de ce qu'il y avait de plus grand dans ce siécle, du Roi qui lui a donné son nom. Ce panégyrique fut traduit en Anglais, en Italien, en Latin, en Portugais, en Espagnol, & même en Arabe par un Patriarche du Mont-Liban. La belle oraison-funèbre de *Turenne*, par *Fléchier*, n'obtint point cet honneur, quoiqu'elle le méritât mieux. Tout le monde a lu les oraisons-funèbres de *Bossuet* ; & qui ne les a pas admirées autant que les Héros qu'elles célébrent ?

Montesquieu dit, en parlant de l'Académie Françaife, que *dès qu'un homme est initié dans les mystères de cette Compagnie, la fureur du panégyrique vient le saisir & ne le quitte plus.* Cette plaisanterie amuse dans le livre où on la lit ; mais une bonne plaisanterie ne détruit pas un bon ouvrage. Les Éloges de *Fontenelle* dureront autant que les *Lettres-Persannes* ; & ce *Montesquieu*, si digne d'éloge lui-même, s'il pouvait renaître, serait bien fâché que M. *d'Alembert* n'eût pas fait le sien. Enfin l'Aca-

A ij

démie Française en proposant pour sujets de ses prix, les éloges de nos Hommes célébres ; a conquis à la Nation beaucoup de trésors dans ce genre d'éloquence. Tous les ouvrages de M. *Thomas* qui ont remporté le prix, en étaient parfaitement dignes ; & le seul éloge de *Marc-Aurèle*, qui n'en a point remporté, les méritait tous. MM. *de la Harpe*, *de Champfort*, l'Abbé *Remi* (1), *Garat*, ont aussi mérité leurs couronnes. Mais voilà une digression qui, sans être étrangère à notre sujet, nous en a peut-être trop écartés.

Si nous avons prouvé mieux que les Latins que nous savions faire en prose les éloges des Grands-Hommes ; ni eux, ni nous, n'en avons fait en vers d'une certaine étendue, qui aient mérité une certaine célébrité. *Horace* & *Virgile*, dans leurs différens écrits, ont souvent loué *Auguste* d'une maniere aussi noble que délicate ; mais ni l'un ni l'autre n'a fait un ouvrage uniquement pour louer *Auguste*. *Tibulle*, le tendre *Tibulle*, en a fait un pour louer *Messala* ; mais ce panégyrique, où il y a quelques beautés,

―――――――――――

(1) Quoique je n'aie pas beaucoup à me louer d'un procédé *très-littéraire* de cet Écrivain, l'amour-propre offensé ne me rendra jamais injuste.

est bien moins parfait que ses autres ouvrages ; & en général, nous le croyons indigne de ce Poëte, le plus sensible & le plus pur peut-être de l'Antiquité. Au surplus, cet ouvrage fût-il un modèle, & *Virgile* ou *Horace* en eussent-ils laissé dans ce genre, l'éloge d'un Conquérant ou d'un Empereur ne prouverait pas qu'on pût faire mieux celui d'un Philosophe ou d'un Homme de Lettres ; & c'est de ce dernier qu'il s'agit ici. Un Panégyrique quelconque exige une méthode que la prose admet sans peine, mais que la Poësie rejette. Il faut entrer dans des détails historiques, diviser, subdiviser ; & les détails & les divisions tuent la Poësie. Aussi, qu'on me cite un seul éloge en vers d'un Homme de Lettres que l'Antiquité nous ait laissé? Il n'en est presque point. *Ovide* a fait une élégie charmante sur la mort de *Tibulle* ; mais c'est une élégie, & non pas un éloge. *Ovide*, dans cet ouvrage, gémit, soupire & ne raisonne point. Il pleure son ami sans le juger ; & qui ne connaîtrait *Tibulle* que par cette pièce intéressante, ne le connaîtrait point du tout. L'Auteur des Métamorphoses nous y apprend que *Tibulle* aima & célébra d'abord *Délie* & ensuite *Némésis* :

Sic Nemesis longum, sic Delia nomen habebit,
Altera cura recens, altera primus amor.

Mais il ne donne aucune idée du caractère poétique de cet Auteur aimable, de ce caractère de langueur, de volupté & de tendresse qui nous enchante dans ses Poésies, & qui nous semble très-préférable au bel esprit d'*Ovide* lui-même & à la pédanterie de *Properce*, ses deux rivaux dans l'élégie. *Boileau* est parmi nous un de ceux qui a le mieux rempli une partie de la tâche dont nous parlons. Ses Vers sur *Homère* sont admirables; nous ne les citerons point, tout le monde les sait par cœur. (1) Il est donc constant qu'un bon éloge en vers est un ouvrage qui manquait à notre Littérature. L'Académie Française, toujours louable dans ses intentions, en proposant pour sujet du prix l'*Éloge de Voltaire*, eut sans doute le projet, non-seulement d'honorer sa mémoire, mais encore de faire éclore un ouvrage qui fût digne de cet Écrivain prodigieux. Cet Ouvrage est celui dont nous parlerons à la fin de ces *Réflexions*; nous ne doutons pas qu'il n'eût remporté le Prix, si l'Auteur l'eût envoyé au Concours. Autant le Dithyrambe est au-dessus de toutes les pièces imprimées qui ont concouru, autant celui-ci nous paraît au-dessus du Dithyrambe. Toute-

_____

(1) Voyez l'*Art Poétique*, Chant 3.

fois foyons vrais & juftes. L'amitié nous unit à M. le Chevalier *de Cubières*; nous lui prouverons donc, en lui faifant entendre la vérité, que cette amitié eft auffi fincère que défintéreffée (1), & nous ne profanerons pas, par des flatteries, une union fi rare parmi les Gens de Lettres, & dont la durée, depuis fi long-tems, nous honore. Il eft certain que rien ne ferait au-deffus du Dithyrambe, fi le ftyle de cet ouvrage avait répondu au plan, & l'exécution à l'idée. Ce genre de Poéfie admettant les tranfitions brufques, les defcriptions imprévues, les écarts les plus hardis, & étant plus fufceptible de défordre que l'Ode même; vouloir louer VOLTAIRE dans un Dithyrambe, c'était embraffer VOLTAIRE tout entier, & peindre tous fes ouvrages en un feul, fans manquer à cette méthode fi néceffaire dans quelque genre que l'on

―――――――――――――――――――――――

(1) *Défintéreffée*; expliquons ce mot. La plupart des Gens de Lettres tiennent par l'amitié à tels & tels Satrapes de la Littérature, comme ils tiendraient à un parti puiffant. Nous ne croyons pas qu'on nous faffe un pareil reproche. MM. *le Mierre*, *le Marquis de Saint-Marc*, & *le Chevalier de Cubières*, voilà ceux dont l'amitié nous flatte & nous enorgueillit; & l'on fait affez qu'ils ne font les Coriphées d'aucune cabale protectrice.

A iv

écrive & quelque sujet que l'on traite. Concevoir une pareille idée, c'est vraiment avoir une bonne fortune en littérature. Si *Malherbe* ou *Rousseau* l'avaient eue, ils auraient mis peut-être cinq ou six ans à l'exécuter, & ils auraient fait un chef-d'œuvre. L'Auteur, quel qu'il soit, pressé par les circonstances & par le besoin de jouir, n'aura employé qu'un mois ou deux, & il n'a fait qu'un ouvrage estimable. Nous avons dit que le Dithyrambe était au-dessus de toutes les piéces du Concours ; c'est ce que nous allons d'abord prouver, en présentant quelques réflexions sur ces Pièces, (à mesure qu'elles nous tomberont sous la main ;) ensuite nous parlerons de l'ouvrage de M. le Chévalier *de Cubières* (1).

Il y a de très-beaux vers dans le Poëme de M. *de Flins des Oliviers*, intitulé VOLTAIRE. Mais pourquoi, dans cet ouvrage, M. *de Flins* semble-t'il se plaire à rejetter l'appui de ces *Dieux menteurs & vains*, que, selon lui, *usent de siécle en siécle*, un troupeau d'Ecrivains ? Pourquoi montre-t'il tant de mépris pour ces

―――――――――

(1) Nous ne citons rien du *Dithyrambe* ; cet estimable ouvrage est trop connu.

aimables Divinités de la Fable, *dont la gloire*, selon lui encore, *est vieillie*, & que nous croyons qu'on peut toujours rajeunir avec succès ? Pourquoi sur-tout prêter ses opinions intolérantes au Grand-Homme qu'il célèbre ? VOLTAIRE, loin de dédaigner les fictions riantes de l'Antiquité, les a toujours aimées, & souvent en a embelli l'usage. Que dis-je ? Il a fait l'*Apologie* de ces rêves charmans que M. *de Flins* croit ridicules. Qu'il écoute son Maître & son Héros dans cette *Apologie de la Fable* dont nous parlons : c'est-là qu'il trouvera ces jolis vers qui lui donnent un démenti formel.

  Savante Antiquité, beauté toujours nouvelle,
  Monumens du génie, heureuses fictions,
    Environnez-moi des rayons
    De votre lumiere immortelle.
  Vous savez animer l'air, la terre & les mers,
    Vous embellissez l'Univers.
. . . .
  Admirables tableaux, séduisante magie !
  Qu'*Hésiode* me plaît dans sa Théologie ! . . . .
. . . .
  On chérira toujours les erreurs de la Grèce ;
    Toujours *Ovide* charmera ;
  Si nos Peuples nouveaux sont Chrétiens à la Messe,
    Ils sont Payens à l'Opéra.

Cette manie de vouloir innover en littérature, a jetté M. *de Flins* dans un écart très-répréhensible. Il est dans sa chambre tourmenté d'insomnie ; *son esprit s'éleve à Voltaire*. Tout-à-coup une femme descend vers lui du haut des cieux ; c'est *la Vérité*. Cette femme céleste le prend par la main & le conduit dans son *divin séjour*. Là, M. *de Flins* contemple, dans plusieurs tableaux rangés à la file, les travaux de VOLTAIRE, & en rend compte d'une maniere plus ou moins heureuse. Que d'inconséquences, que de contrariétés dans ce plan vague & bisarre ! Pourquoi *la Vérité* vient-elle rendre visite à M. *de Flins* ? Pourquoi *la Vérité* l'appelle-t-elle, mon *Fils* ? Depuis quand *la Vérité* & M. *de Flins* sont-ils si proches parens ? Pourquoi cette Déesse conduit-elle M. *de Flins* dans son *divin séjour* ? Où est-il ce *divin séjour*, le Temple de *la Vérité* ? Elle n'en a point ; elle n'en doit point avoir. Elle habite dans un puits, *comme chacun sait*, & personne n'ose guères l'y aller voir. M. *de Flins* est un peu téméraire de croire qu'il l'en a tirée. Et pourquoi place-t-il dans ce *divin séjour*, *Ovide*, *Homere* & *Virgile* ? Qu'il y ait fait entrer *Tacite*, *Plutarque*, *Lucrece*, à la bonne-heure ; ils étaient faits pour être là ; mais est-ce dans le Temple de *la Vérité* qu'on doit trouver les Apôtres du mensonge ? Tous ces grands Ecrivains auraient été placés à merveille sur le *Parnasse*, dans le Temple d'*Apollon*; mais *Apollon*, le *Parnasse*, les *Muses*, tout cela est si commun ! Nous voudrions bien que ces Novateurs qui cherchent à détruire la Fable, la remplaçassent au moins par quelque chose, & qu'ils inventassent une Mythologie aussi riante, aussi riche, aussi variée, aussi ingénieuse, que celle d'*Homère*, d'*Hésiode*, de *Virgile* & d'*Anacréon*. Ils personnifient la *Vérité*, la *Nature*, la *Nécessité*; mais ces Divinités sont un peu tristes, un peu sévères ; elles ne valent pas la bonne *Vénus*, la fraîche *Hébé* & même la pudique *Diane*. Nous voudrions bien que sur de magnifiques Palais, ces Messieurs n'élevassent pas de chétives masures : nous voudrions bien sur-tout que M. de *Flins* répondît aux questions que nous venons de lui faire; ami de *la Vérité*, il ne sera pas fâché que nous lui ayions parlé son langage. Cependant nous avons annoncé qu'il y avait de très-beaux vers dans ce Poëme; nous devons à son Auteur de les faire connaître. D'ailleurs notre but est plutôt de faire sentir les beautés des différentes Piéces du Concours, que d'en relever les défauts. M. de *Flins* suit *la Vérité* à son *divin séjour*:

Les sublimes Talens, Citoyens de sa Cour,
Appréciés sans fiel, loués sans flatterie,

Ici font honorés même de leur Patrie.
Sophocle, en cheveux blancs, charme la Grèce
 en pleurs ;
Là, Plaute, par le sel de ses bons mots railleurs,
Déride des Romains le grave caractère ;
Le vieil Anacréon rit près du vieil Homère ;
Tacite surprenait de ses yeux pénétrans
Tous les crimes cachés dans l'ame des Tyrans ;
Lucrèce, s'égarant sur les pas d'Epicure,
De l'empire des Dieux affranchit la nature ;
Ovide consacrait en vers ingénieux
L'enfance de la terre & l'histoire des Cieux ;
Poëte-Philosophe, à leurs côtés, Horace
Mariait dans ses vers la raison & la grace ;
Près d'eux, le vieux Corneille, en habit de
 Romain,
Lève son front auguste ; & montrant d'une main
L'urne que de ses pleurs arrose Cornélie,
De l'autre le poignard de la fière Emilie,
Règne, premier honneur de son siécle naissant.
Sur un trône inégal, loin de lui se plaçant,
Crébillon, trop vanté, qui s'élève & s'égare,
Terrible, offre les traits d'une beauté barbare.
Virgile, avec Racine, y préside à jamais ;
Égaux dans leurs beautés, ressemblans dans leurs
 traits,
Ils enseignent tous deux à leur langue agrandie
Du style pur & vrai la sagesse hardie.

Ces Vers annoncent un très-grand talent. Il y a encore d'autres morceaux agréables dans cet ouvrage, tels que ceux fur *Zaïre*, la *Pucelle*, fur les Hiſtoires de *Charles XII*, du *Czar*, &c. Nous ſommes fâchés de ne pouvoir point les rapporter : nous avons craint de trop multiplier les citations.

La Piéce d'un *Citoyen de l'Univers* (1) prête plus à la critique que celle de M. *de Flins*. Celle-ci a un plan bon ou mauvais ; les idées de l'Auteur ſont au moins renfermées dans un cadre quelconque. Le *Citoyen de l'Univers* intitule ſa Piéce, *aux Mânes de* VOLTAIRE, & ce n'eſt jamais à ces *Mânes* qu'il adreſſe la parole. Tantôt c'eſt à l'*Envie*, tantôt c'eſt à nos *Neveux*, tantôt c'eſt aux *Habitans de Ferney*. Cette Muſe Coſmopolite compare d'abord VOLTAIRE à *Homère*, & VOLTAIRE n'a jamais eu de reſſemblance avec *Homère*; elle lui apprend qu'à vingt ans il a eu beaucoup d'eſprit,

___

(1) Cet article va fournir une nouvelle preuve de notre impartialité. Si nous avons rendu, plus haut, juſtice aux talens de M. l'Abbé *Remi*, quoique nous euſſions à nous plaindre de lui, nous n'avons pu de même nous empêcher d'être un peu ſévères dans le jugement que nous allons porter de cette Piéce, quoique nous ayons été liés avec l'Auteur. M. *D****. eſt trop au-deſſus de ſon ouvrage pour n'être pas également au-deſſus de notre critique.

qu'il a fait la *Henriade*, ensuite des Tragédies qui *inspirent la pitié & la terreur*, ensuite de jolies *Piéces fugitives*, ensuite de belles Histoires & *sur-tout bien véridiques* ; viennent après des tirades sur les *Calas* & sur la petite Niéce de *Corneille* ; ensuite un compliment au Roi de *Prusse*, & un petit bonjour, en passant, à l'Impératrice de *Russie*. Mais les vers de cette Piéce sont d'un style si obscur, si entortillé, que nous défions le *Roi de Prusse*, l'Impératrice *de Russie* & VOLTAIRE lui-même, d'y rien comprendre. Nous disons VOLTAIRE lui-même, car le *Citoyen*, dans son *Epître aux Mânes de* VOLTAIRE, parle quelquefois à VOLTAIRE comme s'il était vivant. Examinons-en le début.

Quand ce Vieillard fameux qui créa l'Art des Vers,

Ce n'est point *Homère* qui *a créé l'art des Vers*, on le connaissait avant lui.

. . . .
Eût remis à la terre une cendre *ignorée*,
Les Grecs se disputant l'honneur de son berceau,
Etaient pleins de sa gloire & *cherchaient son Tombeau*.

Sa cendre n'était point *ignorée*, puisqu'on cherchait son Tombeau.

O toi qui t'élevas tel que l'antique *Homère*;

VOLTAIRE, avons-nous déjà dit, n'a aucune ressemblance avec *Homère*.

Demi-Dieu du Parnasse, Alcide Littéraire,
Paris, à tes honneurs associant les siens,
Te compte avec orgueil parmi ses Citoyens.

Il fallait, *t'a compté*, puisqu'il est mort.

. . . .

Cherchant d'un Peuple-Roi les *monumens* épars,
Va, plein d'un saint respect, dans son auguste
 asyle,
Saluer *le Laurier* du tombeau de *Virgile*.

Le *laurier* n'est pas un monument.

. . . .
. . . .

Du siécle des Beaux-Arts immortel héritier,
Tes rayons font éclore un siécle de lumière
Qui va de la pensée agrandir la carrière.

Que veulent dire *des rayons qui font éclore un siécle de lumière, lequel va agrandir la carrière de la pensée* ? Nous voudrions bien qu'au premier Mercure on nous donnât le mot de cette énigme. Et puis, à qui se rapportent *ces rayons* ? Quoi! parce que VOLTAIRE est *héritier du siécle des Beaux-Arts*, il doit avoir la sainte auréole ? Nous ne savions pas cela.

> Quand *les Arts* rassemblés sous les yeux d'un
> Héros,
> L'entourent à la fois, couvrent de leurs rameaux
> Le Trône de Louis, que leur ombrage honore;
> Quand ils ont *tous créé*, tu vas créer encore.

Ce ne sont pas les *Arts* qui *créent*, ce sont les Artistes. De quels Artistes l'Auteur veut-il parler ? Voltaire n'était ni Peintre, ni Sculpteur, ni Architecte; & s'il veut parler des Poëtes, il a tort de dire que *tous* ont *créé*. *Boileau*, *Racine*, *la Fontaine* n'ont été le plus souvent que des génies d'imitation ; ils ont embelli ce qu'on avait dit avant eux, & ce n'est pas-là *créer*.

. . . .

> Déjà rival heureux de *Virgile* & *d'Homère*,

Ni de l'un ni de l'autre : la *Henriade* est un Ouvrage à part.

> Tu couronnes ton front d'une palme étrangère.

Tu couronnes ton front... Citoyen, vous devriez bien vous souvenir que vous ne parlez point à Voltaire, mais à ses *Mânes*. *D'une palme étrangère*.... Si Voltaire avait composé sa *Henriade* en Anglais ou en Italien

Italien, sa *palme* serait *étrangère*; mais il l'a cueillie en France; l'épithète ne vaut donc rien.

Tu chantes de *Henri* l'adorable bonté;
Je te rends grace au nom de la postérité!

Citoyen, vous êtes bien poli !

Plus loin :

Surpasse en imitant, instruis : voilà tes droits.

Que penser du conseil que le *Citoyen* donne à VOLTAIRE ? Fait-il son éloge en ce moment ou se moque-t'il de lui ? Nous croyons qu'il fallait encore tout cela à la troisieme personne; mais finissons. En bonne-foi, ne pourrait-on pas appliquer au *Citoyen* ce que J.J. *Rousseau* se fait dire par son Interlocuteur dans la préface de la *Nouvelle Héloïse* : *Citoyen, voyons votre pouls ?* Compose-t'on de pareils vers sans avoir la fièvre, ou plutôt sans être dans le délire ? Point de plan, point de méthode dans cet ouvrage; voilà ce qui le caractérise. Ce qui est au commencement pourrait être tout aussi-bien à la fin : c'est le monstre de l'Art Poëtique d'*Horace*. Mais si nous avons été sincerement affligés de critiquer un peu fortement quelques endroits de cet ouvrage, c'est avec la plus grande satisfaction que nous citons à nos Lecteurs le morceau suivant. Il nous a paru plein de Poësie. L'Auteur s'adresse à la Nièce de *Corneille* & aux *Calas*:

> Annoncez son triomphe ; annoncez aujourd'hui
> Que la Postérité va commencer pour lui.
> Parlez ; à votre amour la Renommée impose
> Le devoir juste & saint de son apothéose.
> Ne voyez point sa tombe, encensez son Autel ;
> Rendez à nos regards ce jour si solennel
> Où revoyant enfin nos rives consolées,
> Ramenant avec lui les *Muses* exilées,
> Un Vieillard revêtu de l'immortalité,
> De soixante ans de gloire à nos yeux escorté,
> Un Vieillard soutenu de sa force première,
> Parut recommencer sa brillante carrière.
> Hélas ! dans ce Ferney qu'il rendit immortel,
> Qui le vit élever un Temple à l'Eternel,
> Son tombeau l'attendait : son tombeau solitaire
> Attendra vainement la cendre de VOLTAIRE.

La Piéce de M. *ANDRÉ de Murville* est dans le même genre que celle du *Citoyen de l'Univers*. (*a*) Elle est, comme celle-ci, adressée à VOLTAIRE ou à *ses Mânes*. Il y a les mêmes défauts dans le plan & dans le style. Cependant plusieurs beaux endroits & sur-tout une paraphrase heureuse d'un passage de Virgile, lui ont mérité

―――――――――――

(*a*) Ce que nous allons dire de cet Ouvrage, n'attaque en rien le jugement de l'Académie Française.

l'*accessit*. On trouvera cette paraphrase dans la citation suivante.

Il n'est plus ; & tandis que, malgré nos regrets,
Son Tombeau n'est pas même ombragé d'un cyprès,
Que le nom de VOLTAIRE est sa seule parure ;
Le deuil des Nations répare cette injure ;
Ferney, (1) sur la Néva, reproduit par les Arts,
Va de son double aspect étonner les regards.
Ferney, retraite auguste, où sur les bords du Rhône,
VOLTAIRE & le Génie avaient placé leur Trône ;
Où d'un noble travail son cœur peu satisfait,
Voulait que son repos fût encore un bienfait ;
Et qu'auprès du talent l'infortune appellée
Ne s'en retournât point seulement consolée.
Lorsqu'autrefois, *Anchise* & le fils de *Vénus*,
Entraînés vers les bords où régnait *Hélénus*,
Eurent d'Epire enfin découvert le rivage,
Tout parut d'Ilion leur retracer l'image (2).
Ce spectacle touchant renouvelait leur deuil ;
De la porte de Scée ils embrassaient le seuil ;
Ce mont était l'Ida, ce ruisseau le Scamandre ;

―――――――――――

(1) Sa Majesté l'Impératrice de Russie fait bâtir dans son Parc de Czarsko-Zelo un Château qui imitera, autant qu'il sera possible, la forme de celui de Ferney.

(2) *Solemnes tùm forte dapes* &c. VIRGILE, Liv. III.

B ij

Du grand *Laomédon* là reposait la cendre ;
Et les Troyens surpris croyaient errer encor
Dans ces murs si long-tems défendus par *Hector*.
Ainsi, quand vers ces champs voisins du char de
l'Ourse
Des Voyageurs Français dirigeront leur course,
Ils croiront voir ce lac, dont les flots toujours
purs
De l'antique Ferney baignent encor les murs.
Ici, des Genevois s'étendaient les campagnes,
Là le Rhône, en grondant, descendait des
montagnes ;
C'est ici que VOLTAIRE, en un jour solemnel,
Ordonna de bâtir un Temple à l'Eternel ;
Là dût être sa Tombe ; & l'écho solitaire
Retentira du nom, du grand nom de VOLTAIRE.

Ces quatre derniers Vers sont beaux ; mais nous aimons mieux ceux de M. D***. que nous venons de citer.

Hélas ! dans ce Ferney qu'il rendit immortel,
Qui le vit élever un Temple à l'Eternel,
Son tombeau l'attendait, son tombeau solitaire
Attendra vainement la cendre de VOLTAIRE.

Dans les Vers de M. *de Murville* cette répétition *du nom, du grand nom*, affaiblit la pensée. Au surplus, il est assez singulier que deux Auteurs, dont l'un compose au Mans, & l'autre à Rambouillet, ayent fait, chacun de leur côté, quatre vers de suite avec les mêmes rimes, renfermant la même idée, & placés de même à la fin de leur ouvrage. Il y a tout à présumer que dans leur séjour à Paris, l'un des deux a copié l'autre. Nous ne pouvons décider quel est le coupable. Puisse seulement cet exemple guérir nos jeunes Poëtes de cette manie d'aller lisant par-tout leur Piéce de concours avant que le terme de rigueur, passé lequel on ne peut plus rien envoyer à l'Académie, soit expiré!

Nous avons dit que la Piéce de M. *de Murville* était, ainsi que celle de M. D***, adressée à VOLTAIRE, & ce genre d'ouvrage nous fournit en ce moment quelques réflexions que nous n'appliquons à aucun des Concurrens en particulier, mais qu'on ne trouvera pas, pour cela, déplacées. Depuis que VOLTAIRE a adressé des Epîtres charmantes à *Horace*, à *Boileau*, &c. lorsque nos jeunes Poëtes veulent louer un homme célébre qui n'est plus, soudain ils lui écrivent une longue Lettre, où ils lui racontent ingénuement tout ce qu'il a fait, dit & composé depuis le moment qu'il est né jusques au jour qu'il est mort. Ils ne font pas attention que rien n'est plus monotone que cette méthode; qu'indépendamment de l'ennui que doit causer à leur Héros cette fastidieuse énumération, ils lui donnent encore de l'encensoir au travers du visage; ce qui n'est ni délicat, ni honnête. VOLTAIRE a écrit, il est vrai, à *Horace* & à *Boileau*; mais c'est pour leur apprendre ce qu'ils ne savent pas. A l'un il fait la description des jardins de *Ferney* qu'il compare à ceux de *Tibur*; il lui trace un portrait de FRÉDÉRIC qu'il met en parallèle avec AUGUSTE; il lui apprend ce que c'est qu'un *Nonotte*, un *Ignace*, un *Calvin*, tous gens qu'*Horace* n'a pû connaître; il lui dit ensuite:

>J'ai vécu plus que toi, mes vers dureront moins:
>Mais aux bords du tombeau, je mettrai tous mes soins
>A suivre les leçons de ta Philosophie,
>A mépriser la mort en savourant la vie,
>A lire tes écrits pleins de grace & de sens,
>Comme on boit d'un vin vieux qui rajeunit les sens.

Voilà des nouvelles qu'*Horace* a dû apprendre avec plaisir, & des vers qu'il a dû trouver aussi délicats que bien tournés; voilà enfin ce que nous appelons écrire à *Horace* dans le style d'*Horace*. *Boileau* a dû aussi reconnaître sa manière dans l'Epître que VOLTAIRE lui a adressée. Nos jeunes Poëtes, au contraire,

Ecrivent à VOLTAIRE en style de *Pradon*.

M. *Audi* a évité cet écueil. Sa *Lettre d'un*

Vieillard de Ferney est un des meilleurs ouvrages du concours. Il y a presque toujours du sentiment, mérite qui se trouve rarement dans les autres. Il est vrai que le *Vieillard*, que fait parler ce jeune Poëte, étant un homme des champs, n'embrasse point VOLTAIRE tout entier. Il ne parle que des ouvrages qu'il a lus, & il ne les a pas lu tous : mais, à cet égard, il exprime ses regrets d'une manière touchante, & ces regrets valent bien de longues tirades à prétentions.

Qu'un rival plus heureux s'élevant à VOLTAIRE,
Sous ses lauriers divers le présente à la terre ;
Qu'il le suive à Cirey sous un riant berceau,
Où des frivolités crayonnant le tableau,
Il laissait échapper la foule vagabonde
De ces vers enchanteurs qui parcourent le monde ;
Qu'il le présente armé du prisme ou du compas,
Du célèbre *Newton* visitant les Etats ;
Qu'il le peigne exposant sur la scène comique
Du généreux *d'Olban* la noblesse héroïque,
De l'honnête *Frepport* la brusque humanité,
Et *Nanine* aux vertus unissant la beauté :
Que *Virgile*, *Aristote*, *Horace*, *Thucidide*,
La Fontaine, *Platon*, *Pope*, *Sophocle*, *Ovide*
Sur le front d'un seul homme assemblent leurs lauriers !
J'ai parlé de son cœur : caché dans mes foyers,
J'abandonne en pleurant aux enfans de la gloire

Le foin religieux d'honorer fa mémoire ;
D'embraffer tout entier l'homme unique & divers,
Qui régna fur les Rois & changea l'Univers.

VOLTAIRE, *Ode* ; *par M. Geoffroy.*
Il y a, fans contredit, du mérite dans cet ouvrage ; mais le choix du genre eft fingulier. L'Ode n'a qu'un ton, qu'une couleur égale ; & prétendre louer VOLTAIRE dans une Ode, c'eft vouloir peindre en camayeu un grand fujet d'Hiftoire. Cependant on lit avec plaifir quelques ftrophes de cet ouvrage : on a diftingué les fuivantes :

Vaines terreurs ! Tandis que l'infolente Envie
Veut de l'efprit humain, que fa voix calomnie,
Limiter le pouvoir, & borner la grandeur ;
La Nature, en fecret, mere toujours féconde,
 Pour le bonheur du Monde,
En préparant VOLTAIRE, accufe fon erreur.

❀

Chaque Aftre a fon aurore, & l'Homme a fon
 enfance ;
Ce n'eft que par dégrés que tout croît & s'avance :
La Nature à ces loix a foumis nos travaux.
Mais la Nature change en faveur de VOLTAIRE :
 Semblable aux Dieux d'*Homère*,
Au premier pas qu'il fait il atteint fes rivaux (1).

❀

_____

(1) Ces deux derniers vers font beaux, mais l'Au-

Les Vertus aux Talens donnent un nouveau lustre.
Il faut qu'on soit aimé : c'est trop peu d'être
illustre :
Malheur au froid Mortel content d'être admiré !
Sous la faulx du trépas quand sa tête succombe,
Il se perd dans la tombe,
Sans que de pleurs amis son deuil soit honoré.

M. *Pastoret* a fait aussi une Ode, & nous aurions gardé sur elle un profond silence s'il n'avait pas aussi imprimé un éloge de VOLTAIRE en Vers Alexandrins. Nous ne nous occuperons que de ce dernier ouvrage. On y trouve le même défaut que dans presque toutes les pièces que nous avons déjà eû occasion de citer ; point de plan. Tantôt l'Auteur s'adresse à VOLTAIRE, tantôt il parle de lui à la troisieme personne ; du reste, cet Éloge est en général bien écrit. Nos Lecteurs pourront en juger par le morceau que nous rapportons.

On dit, & j'aime à croire un récit enchanteur,
Que par les doux accords de son luth séducteur,
Un demi-Dieu sublime étonna la Nature.
Les Zéphirs attendris suspendaient leur murmure,
Des sauvages forets les Hôtes rugissans

---

teur en a pris l'idée dans le Discours de Réception de
M. *Ducis*.

Dépouillaient leur fureur, charmés de ses accens;
L'onde coulait sans bruit, & les chênes dociles
Tenaient avec respect leurs têtes immobiles;
Les oiseaux attentifs écoutant ses chansons,
Désiraient & craignaient d'en répéter les sons:
A sa voix rassemblés, les humains solitaires
Fuyaient avec horreur de leurs sombres repaires.
De l'Arbitre éternel ce Pontife sacré
Rappella les vertus dans leur cœur égaré;
Il fit pâlir le crime, & vengea l'innocence;
Au sein de sa patrie amena l'abondance,
Et du flambeau des Arts éclairant tous les yeux,
Il sut conduire l'Homme au vrai bonheur des
   Dieux.
 Oui, je crois ce prodige & je le vois renaître.
Orphée a reparu dans l'asile champêtre
Où tu vas, sans cesser de charmer les mortels,
Offrir à l'indigent tes secours paternels.
Les ronces hérissaient une terre stérile,
Le soc ouvre la terre, & la terre est fertile.
De sauvages rochers sont peuplés par tes soins;
Ton fortuné Vassal ignore les besoins.
Dans son séjour obscur le Laboureur tranquille,
Jamais sous les impôts ne courbe un front servile.
Horace à Tivoli coulant des jours sereins,
Faisait-il comme toi le bonheur des Humains?
De l'Amour, du Falerne, il savourait les
   charmes,
Mais d'un infortuné sut-il sécher les larmes? &c.

Ces Vers sont bien faits, & ce ne sont pas,

les seuls de l'ouvrage : nous ferons cependant une remarque à l'occasion de ce morceau ; c'est que nos jeunes Poëtes abusent un peu trop souvent du verbe *savoir*, dont ils font presque un verbe auxiliaire. *Il sut conduire*, *sut-il sécher*. Cette maniere de s'exprimer est déjà froide dans la prose, combien ne l'est-elle pas davantage dans la poésie ?

Nous croyons avoir examiné toutes les piéces qui ont concouru à l'Académie pour l'éloge de VOLTAIRE ; &, par une fatalité singuliére, ce n'est que dans un ouvrage, qui n'a pas été envoyé au concours, que nous trouvons, grace à ces fictions aimables que M. *de Flins* aime si peu, un plan sage & ingénieux. Nous voulons parler de l'*Apothéose de VOLTAIRE au Parnasse*, par M. *de Chabanon*. C'est assurément un des meilleurs Eloges qui ait paru de ce Grand-Homme. Il y a même tout lieu de croire qu'il a donné à M. *de la Harpe* l'idée des *Muses Rivales*, autre ouvrage charmant & très-digne de son succès.

Apollon convoque ses Etats après cent ans d'absence pour connaître par lui-même les progrès qu'ont fait les Beaux-Arts. *Calliope* lui présente *la Henriade*.

Regarde cet écrit enfanté sous mes yeux :
Il peint d'un Roi guerrier les combats glorieux ;

Il peint d'un Roi clément la bonté, la justice ;
Des fables du vieux tems le frivole artifice
N'a point dèshonoré ces augustes récits ;
La raison n'admet plus ces prodiges vieillis :
Au siécle qui m'entend le vrai seul pouvait plaire,
Et si je dus l'orner, c'est d'une main légere.
Cette profusion d'un style harmonieux,
Convenable peut-être au langage des Dieux,
Ce luxe de mon art, ce faste poëtique
Qu'admirerent jadis Rome & la Grèce antique,
Chez le Français léger, essuiraient aujourd'hui
Du Lecteur dédaigneux les dégoûts & l'ennui ;
J'ai fait courir mon style & rapide & sublime ;
Sans courber les moissons, j'en effleurais la cime ;
Tel fut de mes travaux l'heureux commencement.

Uranie s'avance ensuite :

Sur de sages écrits en rimes cadencés
La vérité répand sa féconde lumiere ;
Newton vient de parler le langage d'*Homère*.

Apollon voit autour de lui cent volumes épars :

Parcourons, se dit-il, nos richesses nouvelles.
Que vois-je ! Quel recueil d'oisives bagatelles !
De frivoles écrits quel mélange inconnu !
*Memnon ! Micromegas ! Candide ! l'Ingénu !
Epitre à Genonville ! & Vers pour Emilie !*
Tous ces riens fugitifs, enfans de la folie,
Auraient-ils quelque droit à l'immortalité ?

Voyons. Il prend, il ouvre, il se sent arrêté;
Un charme insinuant de plus en plus l'attire;
Ayant lû quelque tems, il voulait toujours lire.

Clio l'interrompt pour lui offrir l'Essai sur l'Histoire Générale :

Cet écrit distingué par de grands caractères
N'est point l'effort aisé des communs plagiaires,
Maigres Historiens sans critique & sans goût,
Qui redisant toujours ce qu'on a dit par-tout,
Usent à ce métier leur indigentes plumes,
Et des erreurs d'autrui composent vingt volumes.
Ici la raison parle & se fait écouter,
Elle pèse les faits, elle instruit à douter;
Elle peint de l'esprit la ténébreuse enfance
Et ces siécles d'erreurs, de crime, d'ignorance
Où le peuple stupide opprimé par les Grands
S'honorait de servir de stupides tyrans, &c.

Tout-à-coup Melpomène en pleurs paraît ant le Dieu :

. . . . Sa figure imposante
Conserve l'air altier qu'autrefois lui donna
Le Peintre audacieux d'*Horace* & de *Cinna* :
Une douleur touchante adoucit & tempère
La mâle austérité de ce grand caractère.
Sa voix est telle encor qu'en ces jours si brillans,
Où du tendre *Racine* elle animait les chants;
Mais souvent elle a pris un essor plus rapide;

D'un trouble impétueux le sentiment la guide,
Et dans les cœurs soumis par son art tout-puissant,
Son poignard aiguisé pénétre plus avant.
Mais, que dis je ! ô surprise ! ô sublime merveille !
Ce que n'a point conçu *Racine* ni *Corneille*,
Ce que jamais les Grecs n'avaient osé tenter,
Melpomène aujourd'hui vient de l'exécuter ;
De la Philosophie elle accomplit l'ouvrage :
De l'ardent fanatisme elle confond la rage ;
Ses triomphantes mains percent de mille traits
Ce monstre dont l'erreur encense les forfaits.
Alvarès fait parler le zèle qui l'anime ;
La tendre humanité par sa bouche s'exprime
Et l'aveugle Mexique à ses pieds abattu
Croit & chérit un Dieu qu'honore sa vertu.

Apollon reste surpris : & persuadé que tant d'ouvrages ont été composés par mille Auteurs différens, il dit aux *Muses* :

.... Ne souffrez pas que plus long-tems j'ignore
Ceux de qui votre voix me vante les écrits ;
Que ces mille talens devant moi réunis......
» Tu les vois, dit *Clio* ; ton regard les éclaire ;
» Tu les couronnes tous en couronnant VOLTAIRE.

Y a-t-il dans aucune piéce sur VOLTAIRE un vers qui peigne mieux que ce dernier l'universalité de cet Ecrivain ? Il est vrai que l'Auteur le met dans la bouche de *Clio*; ce qui est assurément très-mal ; mais, malgré cela, n'en déplaise à M. *de Flins*, nous le trouvons charmant.

La Piéce dont nous allons enfin rendre compte fourmille de vers aussi heureux. Elle est précédée d'un Dialogue entre Madame *De**** & l'Auteur, où ce dernier cherche à prouver qu'on ne doit pas être choqué du mêlange de tons qui regne dans son ouvrage. Son style est en effet, tantôt noble, tantôt familier. Il passe, tour-à-tour, *du grave au doux, du plaisant au sévère*, comme *Boileau*, & le goût l'exigent & l'exigeront toujours. L'Auteur s'excuse ensuite comme d'un crime, d'avoir fait louer VOLTAIRE par VOLTAIRE lui-même. L'entreprise était en effet hardie & difficile; mais M. le Chevalier *de Cubières*, dont nous approuvons la modestie, n'a pas assez senti, néanmoins, combien son idée est heureuse. Les éloges outrés & sans vraisemblance font tort à celui qui les reçoit & à celui qui les donne ; & il est bien difficile que des éloges ne soient pas outrés. Ils pourraient l'être dans l'ouvrage de M. le Chevalier *de Cubières*, & ne faire tort ni à lui, ni à son Héros. Voici le plan de sa Piéce. VOLTAIRE écrit des Champs Elisées qu'il est supposé habiter. Lorsqu'il y parut pour la premiere fois, *Zoïle*, l'infâme *Zoïle*, échappé du Tartare, *on ne sait trop comment*, lui dit les choses les plus dures, lui reproche d'avoir *faussé le compas*, d'avoir fait *discorder la lyre*; d'avoir *eu*, enfin, *un Maître & des Rivaux dans tous les genres*. En conséquence il lui conseille de sortir de l'Elisée. VOLTAIRE ajoute :

> Ce discours de Zoïle était un peu brutal:
> Quelques ombres soudain me pressent de répondre
> A ce mort incivil que je pouvais confondre.
> Mais en vain leur prière est un ordre pour moi;
> On ne peut se résoudre à bien parler de soi ;
> L'orgueil est en tous lieux un vice qu'on déteste;
> Même après qu'on est mort, il faut être modeste.

VOLTAIRE a beau vouloir ne pas répondre ; en vain même il tente de sortir de l'Elisée, qu'il ne se croit pas digne d'habiter; les Ombres l'arrêtent, & l'exhortent de nouveau de répondre à *Zoïle*. Forcé d'obéir,

> Je vais de mes travaux te raconter l'histoire,

dit-il à ce malheureux ; & en effet il parcourt rapidement ses différentes productions, en détaille les beautés, & quelquefois même les défauts. On voit, par-là, que quand même l'éloge qu'il fait de ses écrits serait exagéré, il est excusable dans une pareille circonstance.

L'orgueil

L'orgueil est pardonnable, peut-être, quand on répond à l'envie & à l'injustice.

L'endroit où VOLTAIRE parle de ses Tragédies, est un de ceux que M. le Chevalier de *Cubières* a le mieux travaillés. On y a sur-tout admiré les portraits suivants :

Racine, disaient-ils, rappelle en tout *Virgile* :
La langue, sous ses mains, est une molle argile,
Qui, docile à ses vœux, s'arrondit & s'étend,
Que son goût délicat soumet à chaque instant
A de nouvelles loix, à des formes nouvelles :
Adoré des amans, idolâtré des belles,
Des orages divers qui tourmentent leur cœur,
Son vers, qui réunit la grace & la vigueur,
Avec précision retrace la peinture ;
Et ses tableaux toujours sont faits d'après nature.
Corneille, plus hardi, plus ami de l'écart,
Laisse marcher son style & sa verve au hazard.
Il est, sans le savoir, éloquent & sublime ;
Il ne met point son vers sous le joug de la lime ;
Non : son vers tout armé de son cerveau jaillit ;
Corneille crée enfin, & *Racine* polit.
VOLTAIRE les égale : un vers tantôt facile,
Tantôt plus châtié, de sa plume docile
Tombe, & de ses Rivaux sa Muse offre par-tout
L'adresse & l'abandon, le génie & le goût.
On l'a vu plus souvent, d'une main raffermie,
Aux pieds mal assurés de la Philosophie,
Attacher le cothurne, & cette Déité,

Par fa bouche, aux humains prêchant l'humanité,
Le Théâtre, foumis à de nouveaux ufages,
Eft devenu l'école & des Rois & des Sages ;
Melpomène, en un mot, dans ces drames vantés,
Trouvant de fes rivaux les diverfes beautés,
De leurs lauriers divers compofa fa couronne.

On critiquera peut-être dans ce morceau le *joug de la lime*, & *le vers qui jaillit tout armé*. Un vers ne *jaillit* pas, & la lime n'a point de *joug* ; mais peut-être auffi l'Auteur, en parlant de *Corneille* a-t-il voulu imiter les incorrections hardies de fon ftyle.

 Aux pieds mal affurés de la Philofophie
 Attacher le cothurne.....

eft d'une grande beauté quand il eft queftion de V O L T A I R E. L'endroit, où cette Ombre indignée parle de fa Henriade, eft auffi beau que celui que nous venons de citer. Il ne faut pas oublier que c'eft toujours à *Zoïle* qu'elle adreffe la parole :

 L'ingénieux *le Taffe*, & le fage *Virgile* ;
 Mes maîtres dans un art brillant & difficile,
 Me fervant à la fois de guide & de foutien,
 Ont daigné tous les deux me dire quelque bien
 De ce fameux Poëme, où, dans fa jeune audace,
 Ma Mufe s'effayant à marcher fur leur trace,
 Célébra de *Henri* les exploits belliqueux,

Je n'y fais point agir les ressorts merveilleux
De la machine antique, invisible chimère
Qu'*Héfiode* inventa pour la gloire d'*Homère*.
On ne voit point chez moi de vieux Roi *Latinus*
Incessamment flotter entre *Enée* & *Turnus*.
On n'y voit point non plus tous ces combats étranges
Des Dieux & des Mortels, des Diables & des Anges.
J'ai choisi, créateur d'un nouvel Hélicon,
Un seul Dieu pour agent, le vrai pour Apollon;
Et des graves atours de la Philosophie
Ma Muse est revêtue & peut-être embellie.
Le calme sur le front, mon Héros courageux
Marche tranquillement sous un Ciel orageux :
D'un Parlement de Dieux les Chambres assemblées,
N'enflent point de mes vers les rimes redoublées;
Pour régler ses destins & lui donner des loix.
Henri ne doit qu'à lui ses vertus, ses exploits;
Il plait sans talismans, triomphe sans miracles,
Et la voix de l'honneur lui tient lieu des Oracles:
Philosophe Guerrier, pacifique Soldat,
De la paix amoureux, sans craindre le combat;
Tranquille à ses côtés, toujours grand, toujours sage,
Mornay, tirant l'épée au milieu du carnage,
Pour repousser la mort, & non pour la donner,
Et moins prompt à punir encor qu'à pardonner.
Voilà de ces Héros dignes qu'on les révère !
Telles sont les beautés ; dont le charme sévère

A peut-être séduit *Virgile* & *Torquato*:
Peut-être que tous deux préferent *in petto*
D'utiles vérités à de stériles fables,
Et mes sages leçons à leurs rêves aimables.

Que d'adresse dans ce morceau ! Sans déprimer *Virgile* & *le Tasse*, que VOLTAIRE avec raison appelle ses maîtres, il fait sentir néanmoins d'une maniere très-lumineuse en quoi il les a surpassé, ou plutôt en quoi il leur est préférable. L'*in petto* jetté à la fin du vers est d'une finesse extrême. Le portrait de *Mornai* est presque aussi beau que dans la Henriade, & c'est beaucoup dire. Que nous savons gré à l'Auteur d'avoir peint ce brave & sage *Mornai* ! Qu'il fait bien de louer VOLTAIRE d'avoir imaginé un pareil caractère ! Il est aussi neuf que sublime ; on ne le trouve nulle part, pas même dans *Homère*, où cependant bien des gens trouvent tout. Qu'on écoute encore VOLTAIRE lorsqu'il parle de ses Ouvrages Historiques:

Aux Princes, aux Héros on prodiguait l'encens ;
Et les Historiens, un peu trop courtisans,
N'avaient point hérité des pinceaux de *Tacite*.
Les *Strada*, les *Maimbourg* & d'autres que l'on cite,
A force de tout dire, empêchaient de penser.
Avaient-ils un combat, un siège à retracer ?
Nul fait n'était omis ; & ce long répertoire

Etait une gazette & non pas une histoire,
Ah! ce n'est pas ainsi que l'on peint les Héros!
J'ai de leurs grands exploits, tracé de grands tableaux.
Charles, *Pierre*, *Louis*, aux nations futures,
Seront transmis vivans dans mes larges peintures;
Oui, sans m'appésantir à détailler leurs traits,
Ma plume impartiale en finit les portraits.
Les Tyrans, à leur solde, ont des plumes vénales;
Quand la mienne du monde écrivit les annales,
Sans égard pour les rangs, sans égard pour les noms,
Je distinguai toujours les *Titus* des *Nérons*;
C'est-là que j'ai montré l'Opinion volage
Gouvernant l'Univers du haut de son nuage;
Tyrannisant le peuple & regnant sur les Rois;
C'est-là que des humains j'ai défendu les droits;
Ces nobles droits qu'usurpe un Tyran exécrable,
Quand l'innocent par lui meurt avec le coupable;
C'est-là que j'ai surpris les talens au berceau;
Que j'ai vû par dégrés s'allumer leur flambeau;
C'est-là que j'ai sur-tout prêché la tolérance;
Et grace à mes efforts, ce fils de l'ignorance,
Ce despote sacré, colosse ambitieux,
Qui cache avec orgueil sa tête dans les Cieux;
Dont l'autel s'élevait sur les débris des trônes,
Qui d'un pied dédaigneux marchait sur les couronnes,
Le Fanatisme enfin, contraint de se cacher,
N'ose plus allumer ni torche, ni bûcher:
Galilée à présent, sans craindre aucuns désastres,

Dans le centre des Cieux fixe le Roi des Astres ;
Mes chers Concitoyens, philosophes charmans,
Ne s'entr'égorgent plus pour de vains argumens ;
On brûle moins de gens à *Madrid*, à *Lisbonne* ;
Et l'Humanité sainte habite la *Sorbonne*.
L'Aigle brillant de *Meaux* (1) a peint quelques Etats
L'un sur l'autre tombant, croulant avec fracas ;
J'admire ses efforts : mais ce mâle Génie
Devait-il donc borner sa carrière infinie !
Sur le Peuple fameux par *Moïse* adopté,
Son éloquent pinceau semble s'être arrêté.
Plus hardi, je parcours tous les lieux, tous les âges ;
Le Peuple qui du *Tien* (2) adore les images,
Celui qui d'*Oromase* encense les Autels ;
Des usages nouveaux, & de nouveaux mortels :
Voilà ce que j'ai peint : sous ma plume féconde,
Un Essai sur les mœurs est l'histoire du monde.
Tel jadis Archimède, en un brillant faisceau
Assembla tous les feux du céleste flambeau.

Ce morceau nous paraît le plus beau de l'Ouvrage de M. le Chevalier de *Cubières*. Voilà comme *Boileau* faisait des vers, ou plutôt voilà comme en faisait VOLTAIRE lui-même. *Boileau* était correct, énergique, pré-

---

(1) Bossuet.
(2) Le Chinois.

cis, VOLTAIRE avait plus d'abandon, plus de grace; VOLTAIRE jettait, pour ainsi dire, sur le papier des vers tout faits, *Boileau* les travaillait avec peine; celui-ci composait comme par force, l'autre écrivait d'instinct ; enfin, nous croyons avec M. *d'Alembert* que la manière de *Boileau* ressemble beaucoup à la statue du *Gladiateur*, & celle de VOLTAIRE à l'*Apollon* du *Belvedère*.

Après avoir parlé de ses écrits, VOLTAIRE, en peu de mots, parle de lui-même. Il rappelle quelle a été sa morale, quels services il a rendus à l'humanité par son amour pour la paix, par sa haine pour le fanatisme. Sa morale a toujours été celle d'un ami de la vertu; il l'a toujours aimée, il a toujours respecté le dogme de l'éxistence de Dieu. Qu'on l'entende lui-même sur cet article.

> Beaucoup de Beaux-Esprits que j'ai vus depuis peu,
> Ont des velléités de ne pas croire en Dieu.
> Pour moi, j'y crus toujours. Sur la sphère étoilée ;
> Trône immense où s'assied sa Majesté voilée,
> Toujours avec respect j'ai porté mes regards.

La *Majesté voilée*, en parlant de Dieu, nous a paru de la plus haute poésie : c'est ce qui nous a le plus frappé dans ces cinq vers. Mais ce qui a mis le comble à notre plaisir, c'est le tableau charmant qui termine cet ouvrage. Après que VOLTAIRE a prouvé à *Zoïle* qu'il est digne d'avoir une place dans l'Élisée, celui-ci s'apprête à répliquer; tout-à-coup *Alecton* se présente avec un fouet armé de serpens, chasse *Zoïle* du séjour enchanteur où il s'était furtivement glissé & le fait rentrer dans le *Tartare*. VOLTAIRE est conduit, par l'ordre de *Pluton*, dans le *Bosquet des Génies*, & voici comme lui-même raconte quel rang il y occupe:

J'y suis entre *Corneille* & *Racine* placé;
Leur laurier poëtique au mien est enlacé.
L'Auteur de *Bajazet*, qu'on aime & qu'on admire,
A les yeux attachés sur ma tendre *Zaïre*.
Corneille lit *Brutus*. Le grave *Despréaux*,
Non loin de nous assis, tient mes Discours moraux;
Je crois qu'il les compare à ses belles Epitres,
Et qu'à son indulgence il leur trouve des titres.
Pope, en me voyant là, juge *que tout est bien*.
Arioste sourit, & ce n'est pas pour rien.
Anacréon, plus loin, décoëffe une bouteille,
Et boit à ma santé sous l'ombre d'une treille.
Des *Contes de Vadé*, qu'il loue ingénuement,
La Fontaine à *Vadé* veut faire compliment;
Ses yeux cherchent par-tout cet Ecrivain sublime.
Mais qu'entends-je? *Boileau*, mon juge légitime,
Vient tout-à coup sur moi de porter son arrêt.
Je rougirai long-temps d'un aussi beau portrait;

Et mon ami C*** doutera qu'il reſſemble :
» Tous les eſprits divers, ſon eſprit les raſſemble.

Ce dernier vers eſt le plus heureux & le plus précis qu'on ait jamais fait ſur VOLTAIRE, & la plus belle inſcription qu'on puiſſe mettre ſous ſon portrait. Il a cependant un air de famille avec celui de M. de *Chabanon* qu'on a lu plus haut,

Tu les couronnes tous en couronnant VOLTAIRE.

Quelque heureux, toutefois, que ſoit ce vers de M. le Chev. *de Cubières*, nous aurions déſiré que ce jeune Poëte eût fini ſa pièce par celui-ci, moins ſimple ſans doute, mais plus ingénieux & plus fin :

Pope, en me voyant là, juge *que tout eſt bien.*

Cette Piéce eſt terminée par un Envoi à l'Académie Françaiſe où VOLTAIRE s'excuſe d'avoir parlé ſi long-tems de lui-même, & finit par ce vers, non moins agréable que tous ceux que nous avons rapportés :

On eſt un peu bavard quand on parle de ſoi.

Nous venons de citer avec impartialité tout ce qui nous a plu dans l'ouvrage de M. le Chevalier *de Cubières* ; nous allons, avec la même franchiſe, relever ce qu'il y a de répréhenſible. Nous ne ſommes point du tout contens du discours que *Zoïle* fait à VOLTAIRE. Il lui reproche d'avoir *faussé le compas & fait discorder la lyre*; il fallait que les injures de ce gredin fussent des calomnies & non pas des vérités. VOLTAIRE a fait une Ode assez belle sur la mort de la Margrave, Princesse de *Bareith*; mais on convient généralement que ses autres ouvrages dans le genre lyrique sont peu dignes de lui. Quant aux *Elémens de la Philosophie de Newton*, outre qu'il n'est pas encore prouvé que l'ouvrage ne soit pas de Madame la Marquise *du Chatelêt*; dans la supposition qu'il soit de VOLTAIRE, ce n'est pas assurément le plus beau fleuron de sa couronne. Il y a de la clarté dans le livre, mais il pourrait peut-être y avoir plus de profondeur; & nous ne croyons pas qu'il ajoute beaucoup à la gloire de VOLTAIRE. Il est donc bien mal-adroit d'avoir mis dans la bouche de *Zoïle* les seuls reproches fondés qu'on pût faire à VOLTAIRE. C'est leur donner une apparence de justice qu'ils ne devaient point présenter. Un pareil contresens nous surprend & nous afflige dans l'ouvrage de M. le Chevalier *de Cubières*. Les reproches de *Zoïle* étant parfaitement justes, il nous semble encore que VOLTAIRE aurait du y répondre; & dans tout le cours de son apologie, il ne dit pas un mot de ses *Odes* & de ses *Élémens*. Cette négligence rend *Zoïle* moins odieux, & à la fin on ferait presque fâché de le voir ainsi maltraité par *Alecton*, si naturellement on n'était pas emporté par le plaisir de voir fesser en sa personne tous les honnêtes gens qui lui ressemblent. Nous ne blâmons point le mélange de tons qui regne dans l'ouvrage de M. le Chevalier *de Cubières* : nous ne croyons point que ces passages inattendus (sur-tout dans un Éloge de VOLTAIRE,) du sérieux au plaisant, du noble au gracieux, forment une disparate désagréable ; mais n'a-t-il pas quelquefois des vers trop familiers ; & les lignes suivantes ne ressemblent-elles pas davantage à de la prose qu'à de la poësie ?

 Quoique je l'aie un peu sifflé de mon vivant ;
 Ce *La Motte*, entre nous, avait raison souvent;
 . . . .
 Tantôt il me l'a dit ici secrettement,
 Et m'a fait sur *Mérope* un fort doux compliment.
 . . . .
 De la trahir, peut-être on m'a jugé capable.
 . . . .
 S'il faut s'en rapporter à quelques gens de bien,
 Je suis damné pourtant... tu vois qu'il n'en est
   rien, &c. &c.

Quoi qu'il en soit de nos remarques, l'ouvrage de M. le Chevalier *de Cubières* est celui de tous qui nous donne l'idée la plus vraie & la plus universelle de VOLTAIRE, & celui où ce grand Ecrivain est le mieux apprécié. Nous disons plus: nous croyons que VOLTAIRE n'aurait peut-être pas parlé de lui-même avec plus de grace, plus de facilité & un abandon plus aimable. Nous avons cru lire une de ses meilleures piéces-fugitives. Il est bien intéressant, sur-tout dans ce moment, qu'on nous donne des ouvrages de ce genre. Il nous semble que tous les jeunes Gens de Lettres qui ont le plus de talent se soient donné le mot pour ne plus écrire que dans le genre qu'ils appellent *noble* & *soutenu*. Ils accouplent sans cesse de grands mots pour faire de grands vers. Ils ne font pas attention que dans les petits ouvrages, il est *une noblesse* que *la grace seule peut donner*, comme l'a si bien observé M. *Ducis* dans son Discours de réception. Ils ne font pas attention que toutes les fois qu'on est gracieux, gai & sur-tout philosophique, on n'est jamais bas ni trivial. Mais à quoi nous servent nos regrets ? Nous avons des *Claudiens*, des *Ronsards*, des *du Bartas*, & nous n'avons plus de VOLTAIRES, de *Catulles*, de *Chaulieus*, ni de *Dorats*. Le règne du *molle atque facetum* est passé; celui des *sesquipedalia verba* commence.

C'est un métier bien dangereux, que celui de vouloir dire la vérité aux Gens de Lettres! Ces Messieurs ressemblent en un point aux jolies Femmes; la franchise qui n'est pas à leur avantage les offense, & l'on risque, en l'employant, de s'attirer leur colere; *Genus irritabile Vatum*. C'est ce que nous venons d'éprouver. Si nous en parlons ici, ce n'est, nous pouvons l'assurer, ni par insouciance, ni par bravade, ni par dédain : car, quoique, en général, les gens honnêtes méprisent les faiseurs d'épigrammes *personnelles*; nous, cependant, nous leur pardonnons lorsque nous y sommes seuls intéressés, & sur-tout lorsque l'épigramme est bien faite. Il est encore une raison, qui, peut-être, est venue à l'appui de notre bonhommie ; c'est que nous n'accordons pas à tout le monde le droit de nous offenser. Mais ce qui nous a indignés, c'est de voir qu'elle attaque en même tems une personne respectable (pour tout autre que de pareils personnages) par son sexe, par son rang dans la société, par les qualités de son cœur & de son esprit. Il n'est donc rien de sacré pour des rimailleurs!

Toutefois, il est juste que la peine qu'ils se sont donnée ait aussi son salaire. Il est juste de leur apprendre ce qu'ils ne savent point peut-être, c'est que nous tournons une épigramme aussi-bien qu'eux & que nous ne croyons pas pour cela en avoir plus de mérite. Ce genre est si facile qu'il n'y a que ces Messieurs qui me semblent dignes d'y réussir. Nous les prions de lire celle qui suit avec l'indulgence qui leur est naturelle.

Connaissez-vous ce couple bel-esprit,
Couple fameux qui déjà fait du bruit,
Couple fameux, que la gloire environne ?
Au chef de l'un, fier de son accessit,
Pend le lambeau d'une demi-Couronne ;
L'autre, plus fier encor de ses Huitains,
Est immortel par l'*Almanach des Buses* ; (1)
Connaissez-vous ce couple d'Ecrivains ?
Non, dites-vous : hélas ! que je les plains !
Ils sont de même inconnus chez les Muses.

---

(1) Cette plaisanterie sur l'*Almanach des Muses*, est, comme on sait, de M. Palissot dans ses *Mémoires Littéraires*; mais nous avons cru dans une pareille occasion, pouvoir en faire usage: nous ne l'adoptons, ni n'avons envie de la consacrer. Un recueil qui contient les pièces fugitives des *Dorat*, des *Cubières*, des *Lemière*, des *Saint-Marc*, &c. &c. ne peut mériter une semblable dénomination.

FIN.

www.ingramcontent.com/pod-product-compliance
Lightning Source LLC
Chambersburg PA
CBHW070707050426
42451CB00008B/536